AF331218

APOLOGIE

DE

M. TURGOT.

*Par M***.*

A LONDRES.

M. DCC. LXXVIII.

APOLOGIE
DE M. TURGOT.

Il n'eſt pas poſſible de procurer le bien gé-
néral, ſans faire naître des inconvénients
particuliers, ſans expoſer ſes vues les
plus légitimes à des interprétations injuſtes ;
mais ce qui doit conſoler, c'eſt qu'il eſt
rare que l'intégrité qui bleſſe dans le moment,
ne devienne tôt ou tard l'objet de l'admi-
ration de ceux mêmes qui la condamnent.
M. SEGUIER, Diſcours prononcé au Lit
de Juſtice, 12 Novembre 1774.

M. TURGOT parvint en 1774 au Mi-
niſtere de la Marine ; la nation l'appel-
loit au Contrôle-Général. Sa nomination

fuivit de près le vœu de la France : jamais choix ne fut plus applaudi ; mais jamais place ne fut plus difficile à remplir. Les finances étoient épuifées, l'Etat obéré & fon crédit perdu ; il falloit ou une banqueroute, ou la refonte de l'Etat ; alternative cruelle ! mais il n'y avoit point de milieu : en Politique comme en Médecine, les palliatifs ufent infenfiblement tous les refforts. Il eft un point où l'homme de l'art doit fçavoir prendre fon parti, & le malade, s'abandonner entiérement aux reffources du génie.

Le parti de la banqueroute étoit déshonorant ; car il en eft de l'Etat comme du Particulier, l'un & l'autre ne fe foutiennent que par la confidération. Perfuadé de cette vérité importante, le nouveau Chef des Finances fe décida pour la refonte. Le projet étoit hardi : du bien général devoit néceffairement réfulter le mal particulier, & perfonne n'étoit tenté de renouveller le facrifice de fa vaiffelle d'argent; mais le goufre étoit ouvert, il falloit fauver la Patrie. M. Turgot fut la victime qu'elle défigna.

Le dévouement de Curtius ne fut pas plus généreux. La gloire & la nation l'attendoient au bord du précipice ; M. Turgot n'y rencontra que l'ingratitude & le persiflage, nouveau genre d'escrime, où les athletes les moins vigoureux font toujours sûrs de remporter la victoire. Mais il est temps de le dire, à la plus grande envie de faire le bien, M. Turgot réunissoit les vues & la capacité nécessaires. De ces deux assertions l'une n'est contredite de personne ; on a réduit l'autre en problême. Si ce n'est pas toi, disoit le loup à l'agneau, c'est donc quelqu'un des tiens. Ce fut aussi la façon d'argumenter des ennemis du Contrôleur-Général. Si son honnêteté est incontestable, disoient-ils, il n'en est pas de même de sa capacité. C'est aux faits de décider la question : je les présenterai succinctement, de crainte de les affoiblir. Il n'appartient qu'à la plume immortelle qui traça les écrits sur la suppression des Jurandes & des Corvées, de les défendre suivant les regles de l'art. Tout autre que Montesquieu eût mal défendu *l'Esprit des Loix.*

Eleve du célebre M. de Gournay, In-
tendant du Commerce, M. Turgot parcourut avec lui une grande partie de la
France : rien n'échappa à fon génie ob-
fervateur. Convaincu de bonne heure que
le commerce eft un des principaux agents
de la richeffe publique, il s'arrêta dans la
plupart des ports de mer, conféra avec
les Négociants les plus éclairés, & de leurs
cabinets, parcourut les deux mondes ; bien
différent de nos voyageurs modernes, qui,
après avoir vu lancer un navire à l'eau,
s'empreffent de reprendre le chemin de la
Capitale. On a vu entre les mains de M.
Turgot des notes très – détaillées & très-
inftructives fur tous les objets qu'il avoit
remarqués dans le cours de fon voyage.
C'eft le difciple de Socrate, qui, méditant
le plan de fa République, parcourt la
Grece pour raffembler des matériaux. Je
ne parlerai point de fes travaux comme
homme de lettres ; ce feroit renouveller
l'ancienne thefe fur la prétendue incapa-
cité des gens de lettres pour adminiftrer
le corps politique. Il faudroit encore dif-

puter, & la dispute ne convainc personne.
C'est après avoir formé des magasins très-
amples, que M. Turgot fut nommé à
l'Intendance de Limoges. Tout le monde
sçait combien l'Agriculture, les Manu-
factures & le Peuple de cette Province lui
sont redevables ; c'est-là qu'il conçut &
exécuta son projet pour l'entretien des
chemins. De l'aveu de tous les voyageurs,
aucune Province de France n'offroit des
routes mieux entendues, ni des cultivateurs plus heureux, moins sans doute par
la fertilité de leurs champs, que par le
souvenir de leurs peines passées, compa-
rées avec le bonheur dont ils jouissoient.
Leur reconnoissance ne manquera pas de
transmettre à la postérité la plus reculée,
& l'époque de l'abolition des corvées dans
leur Province, & le nom de l'homme ver-
tueux qui brisa leurs chaînes. Enfin l'ad-
ministration de M. Turgot étoit citée pour
modele, comme on cite *l'Esprit des Loix*
pour l'ouvrage le plus accompli de la nation. Mais ce théâtre étoit trop étroit pour
lui. Telle une plante, à mesure qu'elle

croît, demande un champ plus vaste pour
s'étendre.

Louis XV mourut, & avec lui difpa-
rurent fes Miniftres. Son Succeffeur,
jeune encore, mais enflammé de l'amour
du bien public, le premier fentiment de
l'homme honnête ; fon Succeffeur, dis-je,
interrogea la nation fur le choix des Miniftres qui devoient l'entourer. M. Turgot
fut un de ceux qu'elle lui préfenta. Depuis
long-temps, je l'ai déjà dit, le vœu una-
nime de la France défignoit le Citoyen
qui l'avoit fi utilement parcourue, pour
remplacer l'Abbé Terray qui l'avoit fi
cruellement adminiftrée. La nation fut donc
exaucée. Quand je dis la nation, je fuis
bien éloigné de la concentrer au milieu
de ce peuple recommandable à bien des
égards, mais qui, jaloux de fon exiftence,
& indifférent fur celle des autres, femble
borner l'étendue du globe au feul point
qu'il habite. Les Provinces font la nation :
la vérité m'échappe, mais j'ai promis de
la dire.

Parvenu à la tête des Finances, M.
Turgot

Turgot s'occupa de l'Agriculture, le premier de tous les arts, & dont l'inventeur fut placé parmi les Dieux, tandis que ſes deſcendants ſont à peine comptés aujourd'hui au rang des hommes. Il ſentit que l'abondance ne pouvoit naître que de la liberté du commerce des grains ; auſſi-tôt on vit éclorre l'Edit ſur l'exportation, dont chaque phraſe, pour ainſi dire, renferme la raiſon qui l'a dicté. Platon, dit un Ecrivain Philoſophe, regardoit comme une précaution très-importante de mettre à la tête des Edits un préambule raiſonné qui en montrât la juſtice & l'utilité. Tel eſt celui de l'exportation, dont on a cenſuré la longueur, mais que le *Cygne de l'Académie* eût trouvé trop court. Je ne rappellerai la fermentation dont il fut ſuivi, que pour retracer, aux yeux de la nation, ces paroles touchantes du Monarque au Contrôleur-Général : » Nous » avons pour nous notre conſcience, & » avec cela nous ſommes bien forts. »

Cet Edit avoit été précédé de pluſieurs Déclarations, dont l'objet étoit l'appro-

visionnement de la Capitale , soumis à des
droits exorbitants , & confié en partie à
des privileges exclusifs, qui lui faisoient
payer cher le droit de la nourrir, disons
mieux , de la dévorer. On rendit libres le
commerce & l'entrée des viandes , gibier
& volaille , à Paris; on supprima les droits
d'entrée sur le poisson salé, & réduction
fut faite de la moitié de ceux qui se levoient
depuis le premier jour de Carême jusqu'à
Pâques, sur le poisson de mer frais. C'étoit
encourager en même temps le commerce
de la pêche , qui mérite la protection
du Gouvernement , & par son industrie ,
& par l'immense population dont il peut
être la source. C'est , sans contredit , la
premiere école de navigation.

Poissy devenu le centre d'un commerce
considérable de bestiaux , vit aussi suppri-
mer sa caisse par le même Edit , qui con-
servoit & modéroit les droits sur la viande.
On n'a pas oublié le bruit que fit cette
caisse importune , & l'acharnement avec
lequel fut poursuivi le Citoyen courageux
qui avoit dévoilé les abus de cet établisse-

ment. On oubliera encore moins ſon triom-
phe, lorſque, cité devant l'Aréopage aſ-
ſemblé, il oſa défendre les droits de ſes
concitoyens. A ſon éloquence mâle & per-
ſuaſive, on eût cru entendre l'Orateur
de Rome ; mais il ne fut plus poſſible
d'en douter, lorſqu'on le vit partager ſa
diſgrace.

Parut, le 7 Août 1775, l'Edit ſur les
Meſſageries. Sans le commerce, je l'ai
dit, l'Etat languit : le commerce eſt voya-
geur ; il étoit urgent de lui procurer des
facilités pour ſe tranſporter promptement
& à peu de frais d'un lieu à un autre.
Delà ces nouvelles voitures dont le voya-
geur profite, & que l'homme ſédentaire
critique. Le Français, en les intitulant du
nom de leur Auteur, l'a immortaliſé, lorſqu'il ne vouloit que le couvrir de ridicules.
Delà encore cette ſuppreſſion de droits de
Pontage, Barrage, &c. dont la perception
étoit auſſi injúſte, que les noms en étoient
barbares. Il étoit réſervé à M. Turgot de
renverſer l'édifice des Goths & des Van-
dales.

Dans un plan réfléchi, toutes les idées ſe ſuivent & s'enchaînent les unes aux autres. On ne tarda pas à voir publier l'Edit ſur l'abolition des corvées, dont les partiſans auroient bien dû faire remonter l'origine au moment que Dieu dit au premier homme : *Tu mangeras ton pain à la ſueur de ton front.* Il n'eſt perſonne qui ne verſe des larmes de ſang, en ſe rappellant les maux affreux qu'elles ont occaſionnés.

Les propriétaires des terres qui jouiſſent du bénéfice des chemins, parce que ce ſont des débouchés pour leurs denrées, qui ſe multiplient en raiſon de la facilité des tranſports, les propriétaires, dis-je, furent condamnés à ſupporter, pour un temps, tout le poids de la nouvelle contribution, pour la confection des chemins, & l'Edit fut combattu vivement, parce qu'encore une fois, perſonne ne veut faire le ſacrifice de ſes intérêts particuliers. Etoit-il juſte de faire participer le commerce à la contribution ? Pas plus qu'il ne le ſeroit d'abandonner, en temps de guerre, ſes vaiſſeaux à leur propre défenſe, car alors la crainte de ne pas trouver les communications libres, empêcheroit le commerce d'envoyer chercher les productions de nos Colonies, comme il cefferoit d'aller au-devant du fuperflu des cultivateurs de la Métropole, s'il étoit contraint d'applanir lui-même les routes qui doivent faciliter fes tranfports. On ne doit pas perdre de vue qu'il eft le premier agent des échanges & de la circulation ; qu'il eft affujetti d'ailleurs à des droits confidérables ; qu'on taxe même fon induftrie, la plus facrée des propriétés, la feule reffource enfin départie à l'homme pour l'empêcher de mourir de faim. Vouloir le furcharger encore, ce feroit contredire ce principe confirmé par l'expérience, que plus le commerce eft taxé, moins il rend : vérité vainement combattue par un Magiftrat, d'ailleurs inftruit, qui a ofé avancer que *ce font les génes, les entraves, les prohibitions, qui font la gloire, la fûreté & l'immenfité du commerce de France.* C'eft comme fi l'on affuroit que rien ne contribue plus au développement & à la perfection de l'individu, que les corps dans lesquels on emprisonne les enfants. Qui ne sent pas que cette assertion seroit précisément l'inverse de ce qui existe ?

Il subsistoit dans le Royaume un autre abus non moins absurde, ni moins préjudiciable aux Finances de l'Etat ; je dis préjudiciable , parce que plus les richesses sont répandues , & plus l'homme contribuable est en état de payer. On sent que je veux parler des Maîtrises & des Jurandes , qui concentrent toutes les richesses dans les mains du petit nombre, & forcent le plus grand à s'expatrier, ou à mourir de faim. Les Jurandes furent supprimées ; les Jurés jurerent , parce qu'ils n'eurent plus le privilege exclusif de jurer, & les hommes nés avec des talents , mais sans fortune, bénirent le Gouvernement de leur procurer les moyens de travailler , & les amis de l'Etat applaudirent , parce que la richesse de l'Etat naît du produit de l'industrie des individus.

Les anciens Réglements sur la police des Grains , relativement à l'approvisionnement de Paris , subirent aussi le sort de la révocation ; parce que ce commerce affujetti à des formalités gênantes, ne pouvoit que dégoûter ceux qui le faifoient, & priver, par-là, le peuple d'une fubfiftance de premiere néceffité. Une Déclaration du Roi fupprima en même temps tous les droits qui y étoient attachés. Cette expédition fut fuivie de la fuppreffion des Offices fur les ports, les quais & les halles de Paris ; Offices qui furent créés dans un temps où il falloit de l'argent, mais qui en produifirent peu, parce que les privileges exclufifs obftruent tous les canaux de la circulation. Ils operent fur le corps politique le même effet que l'hydropifie fur le corps humain. Des Lettres-patentes ne tarderent pas à rendre libre le commerce des Suifs ; & en fupprimant le Sol pour livre, auquel il étoit foumis, elles établirent un droit très-modéré fur les beftiaux qui produifent du fuif ; & celui de cent fols par quintal des fuifs étrangers, perçu à leur entrée dans Paris, fut réduit environ au fixieme.

Enfin parut ce chef-d'œuvre d'éloquence, qu'on peut appeller le Teftament de M. Turgot, puifque ce furent les dernieres expreffions de fa bienfaifance, comme Miniftre ; morceau vraiment intéreffant, & qui dut faire fentir, mais trop tard, à la nation toute l'énormité de la perte qu'elle venoit de faire. Ce fut le lendemain de la difgrace de l'Auteur, car comme Socrate, il fut auffi calomnié, ce fut dis-je, le lendemain de fa difgrace, & ajoutons encore de la retraite d'un Magiftrat Miniftre & Citoyen, que l'Edit fur la libre circulation des Vins fut rendu public. Depuis plufieurs fiecles, le commerce des Vins, cette feconde richeffe du Royaume, étoit affujetti à des prohibitions multipliées. Bordeaux, Marfeille, & plufieurs Villes des Provinces méridionales s'attribuoient le droit de refufer le paffage aux Vins du Royaume, & de ne laiffer vendre dans leur enceinte que celui produit par leur territoire ; privilege, ofons le répéter, ufurpé dans ces temps d'anarchie, où chacun fe faifoit fes droits à lui-même ; mais qui ne pouvoit plus fubfifter fous un

Miniftre ennemi de l'efprit exclufif, & qui n'étoit occupé, pour me fervir de l'expreffion du bon la Fontaine, *que de faire la part à tout le monde*. La même main qui venoit de rendre au Commerce des Grains toute fon activité, s'empreffa de renverfer les obftacles multipliés qu'on oppofoit à la circulation des Vins. Plus jufte que nous, la poftérité ne manquera pas d'obferver que la fortie de M. Turgot du Miniftere, fut marquée, comme l'avoit été fon entrée, par le plus grand amour pour les propriétaires.

Il eft impoffible, en réfléchiffant fur les opérations de M. Turgot, de ne pas rendre juftice à la fupériorité de fes talents, à la juftefle de fon plan, & à fon patriotifme. Il a toujours paru à mes yeux, comme un Pilote habile, qui obligé de faire côte, cherche du moins l'endroit le plus propre au falut des hommes que l'Etat lui a confiés, afin de pouvoir avec le temps, & le fecours de leurs bras, conftruire des débris de fon bâtiment, un nouvel édifice flottant, & plus folide & plus durable.

J'en ai dit affez, & peut être trop pour juftifier la capacité de M. Turgot. Il eut, comme Hercule, une hydre redoutable à combattre ; il égala le nombre de fes travaux ; il fut auffi, comme lui, arrêté dans fa courfe.

En prenant la défenfe de M. Turgot, j'ai voulu payer un tribut à l'eftime , & à la reconnoiffance que je lui dois, comme portion infiniment petite d'un Etat dont il auroit defiré faire le bonheur. Mon hommage ne doit pas paroître fufpect ; car je n'ai ni le bonheur de connoître M. Turgot, ni l'honneur d'en être connu. Qu'il me foit permis, en terminant fon Apologie, de lui appliquer ce que l'Oracle de la Magiftrature difoit de feu M. Gayot, Doyen de la Cour des Aides : s'il étoit poffible que le zele des Miniftres pour le bien public eût jamais befoin d'être animé, ce feroit chez M. Turgot, qu'il faudroit aller chercher les étincelles du feu dont il eft embrafé.

F I N.